18 Février 1884.

VENTE GROHÉ

MEUBLES D'ART

Des Styles Renaissance

LOUIS XIII, LOUIS XIV, LOUIS XV & LOUIS XVI

4, AVENUE DE VILLARS, 4

Les Lundi 18, Mardi 19, Mercredi 20 et Jeudi 21 Février 1884

A DEUX HEURES DE RELEVÉE

EXPOSITIONS :

PARTICULIÈRE :
Les Vendredi 15 et Samedi 16 Février 1884

PUBLIQUE :
Le Dimanche 17 Février 1884

De une heure à cinq heures 1/2

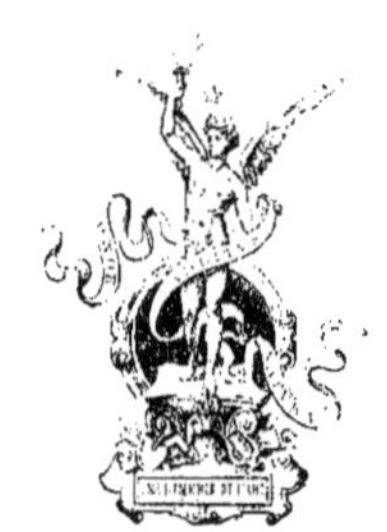

CATALOGUE

DE

MEUBLES D'ART

DES STYLES RENAISSANCE

LOUIS XIII, LOUIS XIV, LOUIS XV ET LOUIS XVI

Meubles d'entre-deux, Vitrines, Tables, Gaines, etc., en bois de violette, d'amarante, acajou et ébène, richement ornés de bronzes dorés

MEUBLES EN BOIS SCULPTÉ

Belle Cheminée monumentale, Bahuts, Bibliothèques Cabinets, Vitrines, etc.

Beaux Ameublements pour chambres à coucher, Sièges de tous styles

DONT LA VENTE AURA LIEU

En vertu d'une autorisation du Tribunal de Commerce de la Seine

PAR SUITE DE CESSATION DE COMMERCE DE LA MAISON GROHÉ

4, Avenue de Villars, 4

Les Lundi 18, Mardi 19, Mercredi 20 et Jeudi 21 Février 1884

A DEUX HEURES

COMMISSAIRE-PRISEUR	EXPERT
Me BERLOQUIN	**M. CH. MANNHEIM**
6, rue Saint-Lazare, 6	7, rue Saint-Georges, 7

CHEZ LESQUELS SE TROUVE LE PRÉSENT CATALOGUE

N. B. — *Pour tous autres renseignements, s'adresser à* **M. Eugène CHARPY** *30, rue des Bons-Enfants.*

EXPOSITIONS

PARTICULIÈRE	PUBLIQUE
Les Vendredi 15 et Samedi 16 Février 1884	Le Dimanche 17 Février 1884
DE UNE HEURE A CINQ HEURES ET DEMIE	DE UNE HEURE A CINQ HEURES ET DEMIE

CONDITIONS DE LA VENTE

Elle sera faite au comptant.

Les Acquéreurs paieront CINQ POUR CENT en sus des enchères, applicables aux frais de vente.

L'exposition mettant le public à même de se rendre compte de l'état des objets, il ne sera admis aucune réclamation une fois l'adjudication prononcée.

Paris. — Imprimerie de l'Art, J. ROUAM 41, rue de la Victoire.

GUILLAUME GROHÉ

Un célèbre industriel, qui fut aussi l'un des grands artistes de son temps, se dispose à prendre une retraite brillamment gagnée.

Digne continuateur des Boule, des Gouthières et des Riesener, véritable grand-maître de l'ébénisterie artistique au XIXe siècle, Guillaume Grohé ne s'arrache à ses chers travaux qu'après une carrière de plus de cinquante années, exclusivement consacrée au relèvement et à la reconstitution d'un art national entre tous.

Cet homme éminent, cet artisan vénéré que l'âge seul a pu contraindre au repos, a rempli nos Musées, nos Palais nationaux, de chefs-d'œuvre incomparables. Son influence sur le grand art industriel a été décisive. Il a assuré la prépondérance du goût français dans l'ameublement de luxe, et les modèles que son beau talent a créés assurent pour longtemps à notre pays cette glorieuse suprématie artistique.

N'ayant jamais eu de rivaux, il ne laissera après lui que des élèves et des admirateurs.

Aucune distinction, aucune récompense ne lui ont été ménagées. Officier de la Légion d'honneur, membre du jury dans les Expositions universelles du monde entier, M. Grohé, parvenu aujourd'hui à l'âge de soixante-seize ans, fut traité de tout temps, par les plus augustes personnages non comme un fournisseur, mais comme un artiste et un familier des Palais. Le roi Louis-Philippe, puis, plus tard, l'empereur Napoléon III et l'Impératrice Eugénie comptèrent parmi ses visiteurs assidus. C'est à lui que le duc d'Aumale voulut confier l'ameublement de Chantilly; Mme Pelouze lui donna le même témoignage de prédilection pour Chenonceaux, et les plus belles pièces du mobilier de l'Élysée sont de sa fabrication.

On ne remplace pas une telle personnalité, et M. Grohé ne saurait songer à se choisir un successeur.

Il va donc forcément mettre en vente la plus grande partie de sa fameuse galerie de meubles d'art de l'avenue de Villars. Ce que je viens de dire de l'artiste et de l'industriel me dispense d'énumérer, comme en un catalogue, les merveilles d'une collection unique où toutes les époques, tous les styles sont représentés par des spécimens irréprochables de goût, de couleur et d'exécution matérielle.

Je n'ai donc pas à m'étendre davantage sur cette vente à sensation qui exigera au moins quatre vacations, dont les dates seront données ces jours-ci dans une autre partie du journal.

Ma seule intention étant de saluer le départ d'un grand artiste national, je resterai obstinément en dehors de la question des affaires. Cependant, je tiens à constater que la vente Grohé, organisée par les soins et la sollicitude éclairée de M. Eugène Charpy, le chargé d'affaires bien connu, semble d'ores et déjà appelée à une vogue considérable.

Tous les notables collectionneurs, tous les vrais amateurs du beau se disputeront l'honneur d'y faire une précieuse acquisition. De même que l'on désire une toile signée d'un maitre, on doit vouloir posséder un meuble de Guillaume Grohé.

Maxime Boucheron.

(Extrait du *Figaro* du 19 janvier 1884.)

DÉSIGNATION DES OBJETS

MEUBLES D'ART

1 — Grande et belle cheminée monumentale de style Louis XIII, en bois de noyer très richement sculpté à guirlandes de fruits, cartouches et draperies.

Elle est flanquée de deux colonnes en brèche de Sicile avec chapiteaux en bronze vert.

Le trumeau, orné de consoles et surmonté d'un fronton à mascaron, encadre une peinture sur panneau par Al. Couder, représentant un bouquet de fleurs.

Un cartouche en vert de mer est placé au centre de l'entablement et deux plaquettes de brèche violette ornent la partie supérieure.

Haut., 4 m. 10 cent.; larg., 3 m. 30 cent.

2 — Beau meuble d'entre-deux de style Louis XVI en bois de violette et amarante, avec portes et côtés en marqueterie de bois à fond quadrillé.

Il est richement orné de motifs en bronze finement ciselé et doré au mat, dont une partie est exécutée sur les modèles originaux de Gouthières, tels que guirlandes de pampres, chutes à feuilles d'acanthe, guirlandes de laurier et rosaces. Moulures de raie de cœur et pieds à griffes de lion.

Dessus en brèche violette à moulures.

Haut., 1 m. 31 cent.; larg., 1 m. 10 cent.

3 — Meuble pareil au précédent.

Haut., 1 m. 31 cent.; larg., 1 m. 10 cent.

4 — Meuble en bois d'ébène à deux corps, celui du bas à portes pleines et à ressaut, très richement orné de bronzes ciselés et dorés au mat, de style Louis XVI, à frise de rinceaux, enfants et guirlandes de fleurs et de vigne.

Le corps supérieur forme vitrine à fond de glace et tablettes de cristal, il est orné de colonnettes garnies de tigettes, bracelets et chapiteaux avec guirlandes.

Haut., 1 m. 73 cent.; larg., 1 m. 12 cent.

5 — Meuble-cabinet en bois d'ébène de style Renaissance, orné d'incrustations de matières précieuses, telles que lapis, jaspes, etc.

Il est accompagné de sa table-support avec croisillon d'entrejambes.

Haut., 1 m. 61 cent ; larg., 62 cent.

6 — Bibliothèque de salon à hauteur d'appui et à trois vantaux vitrés, en bois de violette et amarante.

Le vantail central à ressaut est flanqué de deux pilastres cannelés.

La partie supérieure forme trois tiroirs.

Ce meuble est garni de moulures à oves et rangs de perles et de motifs en bronze doré.

Haut., 1 m. 55 cent.; larg., 1 m. 92 cent.

7 — Meuble d'entre-deux de forme Louis XV, en bois de violette et marqueterie à quadrillages.

Il est garni de moulures ornées et de consoles et repose sur des pieds de bouc feuillagés en bronze doré.

Dessus de marbre fleuri.

Haut., 1 m. 20 cent.; larg., 1 m. 6 cent.

8 — Meuble à hauteur d'appui en bois de violette, bois noir et bois de racine à cannelures et moulures en cuivre uni.

Le panneau central à ressaut ouvre à une porte en marqueterie de bois, les côtés sont à tiroirs.

Dessus de marbre griotte.

Haut., 1 m. 24 cent.; larg., 1 m. 84 cent.

9 — Beau et riche meuble à hauteur d'appui de

style Louis XVI, en très bel acajou foncé, à trois portes pleines surmontées de trois tiroirs.

Il est orné de guirlandes, de trophées, de rosaces et de moulures en bronze finement ciselé et doré.

Dessus en marbre brèche à moulures.

Haut., 1 m. 30 cent.; larg., 1 m. 80 cent.

10 — Bibliothèque en bois noir ornée de moulures, de rangs de perles et de branches de lauriers en bronze doré au mat. Elle ferme à trois portes vitrées, celle du milieu est à ressaut.

Haut., 1 m. 13 cent.; larg., 1 m. 56 cent.

11 — Grande et belle armoire à glace à trois vantaux de style Louis XVI en bois de violette et amarante. Elle est ornée de colonnes aux angles, de pilastres cannelés, et garnie de moulures en bronze doré.

Haut., 2 m. 38 cent.; larg., 2 m. 20 cent.

12 — Beau lit à deux faces de même style et accompagnant l'armoire qui précède.

Haut., 1 m. 25 cent.; larg., 65 cent.

13 — Chiffonnier-secrétaire en bois de violette, à filets et cannelures de cuivre et anneaux en bronze doré au mat.

Dessus de marbre.

Haut., 1 m. 25 cent.; larg., 65 cent.

14 — Meuble à hauteur d'appui en bois de violette et amarante, orné de deux trophées d'attributs champêtres, de chutes à figures d'enfants et de guirlandes de fleurs avec frise composée d'un arc et de feuillages, en bronze doré.

Dessus en marbre griotte.

Haut., 1 m. 46 cent.; larg., 1 m. 80 cent.

15 — Meuble d'entre-deux en bois d'ébène à colonnettes cannelées aux angles, orné d'une frise, de guirlandes de fleurs et de têtes de boucs.

Haut., 1 m. 18 cent.; larg., 97 cent.

16 — Meuble pareil au précédent.

Haut., 1 m. 18 cent.; larg., 97 cent.

17 — Meuble d'entre-deux à trois portes pleines, en bois d'acajou richement garni de bronzes dorés de style Louis XVI, guirlandes de fleurs et trophées, moulures de rais de cœur et de rangs de perles.

Dessus de marbre.

Haut., 1 m. 15 cent.; larg., 1 m. 45 cent.

18 — Chiffonnier en bois satiné, à cinq tiroirs, incrusté de filets et cannelé de cuivre, garni d'anneaux et de rosaces en bronze doré au mat.

Dessus de marbre.

Haut., 1 m. 41 cent.; larg., 76 cent.

19 — Grande commode à porte pleine au milieu et côtés à six tiroirs, en bois d'acajou à filets de cuivre et d'ébène, ornée de colonnes et de pilastres cannelés de cuivre. La porte est garnie de guirlandes de fleurs en bronze doré au mat ainsi que de moulures.

Dessus en brèche violette.

Haut., 1 m. 12 cent.; larg., 1 m. 65 cent.

20 — Meuble d'entre-deux en bois noir, ouvrant à deux portes pleines et orné de bronzes de style Louis XIV.

Dessus de marbre.

Haut., 1 m. 10 cent.; larg., 1 m. 25 cent.

21 — Meuble à deux corps, le haut vitré, en bois sculpté à fleurs et laqué blanc, avec colonnettes aux angles et pilastres cannelés. Les deux portes du corps inférieur sont ornées de fleurs et de rubans et surmontées d'une frise d'entrelacs en bronze doré.

Haut., 2 m. 55 cent.; larg., 1 m. 25 cent.

22 — Deux petites vitrines à deux corps, le bas à portes pleines, en bois noir à filets de cuivre et moulures de bronze doré.

Haut., 1 m. 40 cent.; larg., 70 cent.

23 — Grand meuble à hauteur d'appui. Le milieu

cintré et en surélévation ouvre à deux portes pleines. Chaque côté forme vitrine à deux portes, en bois noir garni de moulures en bronze doré.

Haut., 1 m. 40 cent.; larg., 3 m. 5 cent.

24 — Petit meuble à une porte, en bois noir orné de bronzes dorés, de style Louis XIV.

Dessus de marbre.

Haut., 1 m. 10 cent.; larg., 78 cent.

25 — Bonheur du jour cintré du haut, en bois de violette orné de bronzes dorés au mat.

Le bas avec traverse supportant un vase.

Haut., 1 m. 70 cent.; larg., 1 mètre.

26 — Meuble d'entre-deux en bois noir, à deux portes pleines légèrement cintrées, orné de bronzes de style Louis XVI; frise d'entrelacs, chutes et têtes de bélier.

Dessus de marbre.

Haut., 1 m. 11 cent.; larg., 75 cent.

27 – Meuble de même forme, en marqueterie de bois de violette, orné de bronzes de style Louis XIV.

Dessus en marbre griotte.

Haut., 1 m. 11 cent.; larg., 75 cent.

28 — Meuble-cabinet en bois noir ciré ouvrant à une porte, à panneau saillant et moulures.

Haut., 1 m. 16 cent.; larg., 1 mètre.

29 — Meuble d'entre-deux à côtés rentrants et face légèrement contournée, en bois noir, orné de colonnes cannelées à chapiteaux, d'une frise de rinceaux et d'un large médaillon à jeux d'enfants en bronze doré.

Dessus de marbre griotte.

Haut., 1 m. 17 cent.; larg., 1 m. 20 cent.

30 — Deux encoignures Louis XV, de forme contournée, en bois de violette marqueté; ornées de bronzes et de pieds à griffes de lion.

Dessus de marbre sérancolin.

Haut., 1 m. 11 cent.; larg., 77 cent.

31 — Buffet de salle à manger en chêne sculpté, orné de plaquettes de lapis et de bronzes oxydés, style Renaissance. Le corps inférieur ouvre à deux vantaux surmontés d'un tiroir.

Le haut vitré est surmonté d'un fronton au milieu duquel est une tête de cerf. Les côtés sont ornés de consoles en saillie.

Haut., 2 m. 67 cent.; larg., 1 m. 25 cent.

32 — Petit secrétaire forme chiffonnier, de style Louis XVI, en bois de violette marqueté à losanges; deux colonnettes cannelées en amarante occupent les angles. Il est garni de moulures à rangs de perles, d'entrées de serrures et de médaillons en bronze doré.

Haut., 1 m. 24 cent.; larg., 66 cent.

33 — Grande armoire à trois portes, celle du milieu avec glace, en bois de noyer sculpté, à mufles de lions, godrons et feuilles d'acanthe et orné de moulures en bois noir.

Haut., 2 m. 45 cent.; larg., 2 m. 40 cent.

34 — Deux gaines en marqueterie de cuivre et d'ébène garnies de bronzes d'après Boulle.

Haut., 1 m. 30 cent.; larg., 51 cent.

35 — Bibliothèque de salon, style Louis XIV, en bois noir incrusté de filets de cuivre; elle ouvre à trois vantaux vitrés, celui du centre en saillie avec angles à moulures de cuivre.

Haut., 1 m. 65 cent.; larg., 1 m. 57 cent.

36 — Deux encoignures Louis XV, de forme contournée, en bois de violette, ouvrant à deux portes pleines marquetées à quadrillages et ornées de bronzes dorés.

Dessus de marbre brèche.

Haut., 1 m. 14 cent.; larg., 81 cent.

37-38 — Deux petites vitrines en bois d'ébène incrusté de filets d'ivoire.

Haut., 1 m. 25 cent.; larg., 95 cent.

39 — Joli cabinet en bois d'ébène sculpté de style Renaissance et orné de plaquettes de lapis, jaspe, porphyre, etc. Le bas forme trois casiers et supporte un petit édicule à colonnettes, pilastres, niches et consoles contenant une quantité de tiroirs.

Cette dernière partie est ancienne et a été restaurée par la maison Grohé.

Hauteur totale, 1 m. 90 cent.; larg., 1 m. 5 cent.

40 — Armoire à glace de style Louis XVI, en bois de violette, à colonnes cannelées en bois d'amarante aux angles, garnie de moulures à rais de cœur, tores de lauriers, perles et médaillons en bronze doré au mat.

Haut., 2 m. 50 cent.; larg., 1 m. 20 cent.

41 — Lit de même style accompagnant l'armoire qui précède.

42 — Bibliothèque de style Renaissance à deux corps et à trois vantaux, le haut vitré, en bois noir sculpté à mufle de lion, pilastres à chapiteaux à godrons.

Elle est surmontée d'un fronton sculpté à cartouches et rinceaux.

Haut., 2 m. 85 cent.; larg., 1 m. 98 cent.

43 — Magnifique meuble formant bureau et bibliothèque en bois d'acajou moucheté, sculpté et à moulures de style Renaissance.

La partie inférieure en saillie forme bureau ouvrant à abattant et garni de deux montants de tiroirs, ornés de têtes chimériques et de rosaces sculptées.

La partie supérieure à quatre vantaux vitrés est ornée de colonnettes, et surmontée d'un beau fronton sculpté à griffons et mascaron.

Haut., 3 m. 25 cent.; larg., 2 m. 90 cent.

44 — Belle armoire en noyer à portes pleines et angles arrondis en marqueterie de bois à fleurs et ornements, sur fond noir encadré de moulures. La partie supérieure, légèrement cintrée, est garnie de deux vases.

Haut., 2 m. 60 cent.; larg., 1 m. 10 cent.

45 — Très beau meuble à hauteur d'appui, en bois de noyer finement sculpté de style Renaissance.

Il ouvre à deux portes offrant sur des panneaux saillants les figures de Neptune et d'Amphitrite, sculptées en bas-relief, des encadrements de cartouches surmontés de deux mascarons et des moulures ornées de la plus grande finesse.

Les angles sont occupés par des gaines à chapiteaux et groupes de fruits.

Les côtés latéraux offrent chacun un panneau d'ornements à candélabres avec mascaron au centre.

Ce meuble est d'une exécution très remarquable.

Haut., 1 m. 50 cent.; larg., 1 m. 50 cent.

46 — Gaine en bois noir très richement ornée de bronzes dorés, mascaron, mufles et griffes de lion, guirlandes de lauriers de style Louis XIV.

Haut., 1 m. 50 cent.; larg., 52 cent.

47 — Petit meuble à deux portes composées de panneaux en bois de noyer sculpté du XVIIe siècle, représentant des sphinx, des amours et des guirlandes.

Haut., 1 m. 25 cent.; larg., 93 cent.

48 — Glace de style Louis XVI, en bois sculpté et doré, à fronton formé d'un cartouche avec guirlande de lauriers.

Haut., 1 m. 60 cent., larg., 1 mètre.

BUREAUX ET TABLES

49 — Belle table de style Louis XIV, sur pieds à gaines reliés par un entrejambes à X, en bois sculpté et doré à quadrillages, coquilles et feuillages.

Long., 1 m. 74 cent.; larg., 95 cent.

50 — Bureau de style Louis XIV, en bois noir à filets de cuivre, garni d'ornements et d'arêtes en bronze doré.

Long., 1 m. 40 cent.; larg., 82 cent.

51 — Table de style Louis XVI, en bois de violette, à pieds cannelés en amarante, reliés par un croisillon, et garnie de bronzes.

Long., 1 m. 30 cent.; larg., 75 cent.

52-53 — Deux jolis petits bureaux plats avec casier-étagère à tiroirs de style Louis XVI, en bois de violette et amarante, garnis de bronzes ciselés et dorés. Le dessus du casier est entouré d'une galerie de bronze doré.

Haut., 90 cent.; larg., 1 mètre.

54 — Jolie table de style Louis XVI, en bois de violette et amarante, à angles coupés et pieds cannelés, ornés de draperies et reliés par un entrejambes. La ceinture, ornée de bran-

ches de lauriers, de moulures à rais de cœur, en bronze doré au mat, contient trois tiroirs.

Long., 1 m. 32 cent.; larg., 75 cent.

55 — Table de style Louis XIV, en bois noir, de forme contournée, incrustée de filets de cuivre et ornée de chutes, de sabots, de moulures et d'entrées de serrures en bronze ciselé et doré.

Long., 1 m. 34 cent.; larg., 79 cent.

56 — Bureau plat en bois noir sculpté, à huit pieds reliés deux par deux par des entrejambes.

Long., 1 m. 67 cent.; larg., 92 cent.

57 — Bureau ministre, en bois noir à moulures et panneaux en saillie sur les côtés; les deux montants ouvrent chacun à une porte et renferment trois tiroirs.

Long., 1 m. 60 cent.; larg., 90 cent.

58 — Table de style Louis XVI, en bois de violette et amarante, à pieds cannelés reliés par un entrejambes, ornée de moulures en bronze doré. La ceinture contient trois tiroirs.

Long., 1 m. 40 cent.; larg., 80 cent.

59 — Table de forme Louis XV à contours, en marqueterie de bois de violette et d'érable,

richement ornée de chutes, de sabots, de poignées et d'un quart de rond en bronze doré. La ceinture ouvre à trois tiroirs.

Long., 1 m. 18 cent.; larg., 72 cent.

60 — Table de style Louis XV à contours, en bois de violette, garnie de moulures, d'arêtes et de motifs en bronze ciselé et doré.

61-62 — Deux petites tables de style Louis XVI, forme droite, en acajou, à pieds cannelés, garnies de moulures en bronze et d'entrées de serrures en bronze doré au mat.

63 — Table en bois noir, à pieds cannelés, ouvrant à un seul tiroir.

64 — Table en chêne sculpté, de style gothique, à pieds ajourés reliés par une traverse.

65 — Bureau plat en bois de violette et amarante, incrusté de filets de cuivre et à pieds cannelés.

66 — Guéridon ovale, sur pied à quatre consoles en bois noir, garni de rosaces, de motifs en bronze doré et incrusté de filets de cuivre. La ceinture est garnie de deux tiroirs.

67 — Bnreau plat en bois noir, à pieds cannelés.

68 — Grand guéridon rond en bois noir sculpté, reposant sur un pied balustre à quatre volutes, richement garni de bronze, motifs à figures d'enfants et dragons, de style Renaissance. Le dessus est en granit.

Haut., 1 m. 2 cent.; diam., 1 m. 28 cent.

69 — Table à jeu de style Louis XV, en bois de violette marquetée à losanges, garnie de chutes et de sabots en bronze ciselé et doré.

70 — La même table en bois noir.

71 — Table à jeu, de forme analogue, en bois noir incrusté de filets de cuivre, pieds contournés ornés de chutes et de sabots en bronze.

72 — Petit guéridon rond en bois de violette, marqueté à fleurs et bandeau circulaire en citronnier; il repose sur un pied à trois colonnettes et consoles.

73 — Petite table de style Louis XVI, de forme ovale, en bois de violette, entourée d'une galerie et de moulures en bronze doré. Pieds cannelés en bois d'amarante, reliés dans le bas par une tablette d'entrejambes également entourée d'une galerie de bronze doré.

74 — Petite table carrée de style Louis XVI, en bois

de violette, avec ornements analogues à la précédente; pieds cannelés avec croisillon. Elle ouvre à un tiroir et est garnie d'une tablette mobile.

75 — Petite table carrée pareille à la précédente. Le dessus de celle-ci est en bois de racine, à filets de bois de violette.

76 — Table à jeu de style Louis XIV, en bois noir incrusté de filets de cuivre; les pieds à gaine, ainsi que le bandeau, sont ornés de motifs en bronze doré.

77-78 — Deux tables à jeu de style Louis XVI, en bois de violette à filets d'amarante, avec ceinture garnie de moulures; pieds cannelés à tores de lauriers en bronze doré.

79 — Deux petits guéridons en bois de palissandre, de forme contournée, sur trois pieds à volutes.

80 — Guéridon rond en marqueterie de bois finement exécutée, à bouquet de fleurs encadré de guirlandes sur fond quadrillé en mosaïque d'érable; le pied, en bois d'amarante sculpté, est à trois consoles.

81 — Table de jeu en bois noir ciré, à pieds cannelés. Genre Louis XIII.

82 — Petite étagère en bois noir ciré, à deux tablettes d'entrejambes.

83 — Petite table carrée en bois de violette, pieds cannelés avec tablette d'entrejambes, garnie d'un tiroir.

84 — Table à jeu de style Louis XIV, en bois satiné et bois noir, ornée de bronzes dorés, avec pieds à gaine.

85 — Table-console du temps de Louis XVI, en bois sculpté et doré, à frise d'entrelacs et rosaces et à pieds cannelés.

Dessus de marbre.

86 — Console Louis XVI, demi-ronde, en bois sculpté et doré, à guirlandes de lauriers et entrejambes supportant un vase.

87 — Console du temps de Louis XVI, en bois sculpté et peint en blanc rehaussé d'or, avec ceinture à entrelacs et guirlandes de lauriers, le bas avec vase et guirlandes.

Dessus de marbre.

88 — Petite table Louis XV, en bois noirci, ornée de bronzes dorés.

AMEUBLEMENTS

Ameublement de chambre à coucher en très beau bois satiné et à cannelures, avec filets de cuivre, moulures unies et moulures à perles dorées, composé de :

89 — Un lit à deux faces.

90 — Une armoire à glace à trois portes.

91 — Une armoire à glace à une seule porte.

Ameublement en bois noir ciré, de style Louis XIII, à moulures et cannelures, composé de :

92 — Un lit à deux faces.

93 — Une armoire à glace à une porte.

94 — Une commode à portes pleines et panneaux saillants, intérieur avec tiroirs à l'anglaise.

Ameublement en bois d'érable et filets de bois satiné, composé de :

95 — Un lit à deux faces.

96 — Une armoire à glace à colonnettes cannelées.

Ameublement en bois de palissandre ciré et frisé, composé de :

97 — Un lit à deux faces.

98 — Une grande armoire à glace à trois portes.

Autre ameublement en palissandre frisé et ciré, composé de :

99 — Un lit à deux faces.

100 — Une armoire à glace à une porte.

101 — Une commode à six tiroirs, avec ressaut au milieu et colonnes aux angles.

Autre ameublement en palissandre frisé et ciré, composé de :

102 — Un lit à deux faces.

103 — Une armoire à glace à une porte.

Ameublement de moyenne grandeur en palissandre verni, angles arrondis, composé de :

104 — Un lit à une face.

105 — Une armoire à glace à une porte.

106 — Grande armoire à glace à trois portes, en palissandre ciré, avec colonnettes cannelées et sculptées aux angles.

107 — Lit en bois noir à filets de cuivre, pieds à gaines, avec chapiteaux garnis de bronzes dorés, de style Louis XIV.

108 — Grande commode-chiffonnier en acajou ciré, ouvrant à deux portes au centre et à deux montants de tiroirs de chaque côté.

Haut., 1 m. 10 cent.; larg., 2 m. 40 cent.

109 — Bibliothèque en palissandre ciré, à deux corps et à fronton, le bas à trois portes pleines à moulures saillantes, le haut à trois portes vitrées, séparées par des colonnettes cannelées à chapiteaux sculptés.

Haut., 2 m. 70 cent ; larg., 1 m. 85 cent.

110 — Grande armoire à glace en bois de palissandre verni, les côtés à portes pleines, le milieu à porte à glace.

111 — Buffet à deux corps, le haut vitré, en bois de noyer à filets noirs, les angles forment étagères.

112 — Bureau du temps de l'Empire, avec casier à tiroirs ; il est supporté par quatre colonnes et garni d'un motif de bronze doré sur le tiroir.

113 — Console de style Louis XVI, en bois de poirier naturel, sculpté à guirlandes de fleurs avec entrejambes à vase.

114 — Console de style Louis XV, en bois sculpté et doré.

115 — Psyché en bois peint en blanc et filets bleus.

116 — Encoignure, forme arrondie, avec étagère en bois d'acajou.

117 — Armoire à glace en bois de thuya et palissandre, moyenne grandeur.

118 — Toilette en bois de violette, avec dessus de marbre blanc à moulures.

119 — Lit de style Louis XVI, en bois de violette et bois d'amarante, et garni de bronzes dorés, à frises de rinceaux, médaillons, chapiteaux et moulures.

120 — Commode-chiffonnier en bois de palissandre verni, le milieu à porte pleine, les côtés à tiroirs.

121 — Table-bureau en palissandre ciré à tiroirs, tablettes sur les côtés.

122 — Console en bois noir ciré, à dessus de marbre et tablette d'entrejambes.

123 — Petit bureau à casier, formant table de jeu, en palissandre verni.

124 — Table à thé en bois noir.

125 — Servante en acajou à trois tablettes.

126 — Guéridon en palissandre, dessus de drap vert.

127-128 — Deux tables-étagères à deux tablettes en acajou.

129 — Table de nuit en palissandre verni.

130 — Guéridon en bois noir sculpté.

131 — Guéridon plus petit.

132 — Guéridon en marqueterie de cuivre.

133 — Table de nuit à volets en bois noir.

134 — Table de lit en acajou.

135 — Deux casiers à musique en palissandre ciré.

136 — Un autre en bois noir verni.

137 — Un autre en acajou.

138 — Un autre en palissandre.

139 — Table en acajou uni à pieds cannelés.

140 — Table rognon en acajou.

141 — Table à découper en noyer sculpté.

142 — Grande table carrée en bois de noyer, sur pied à quatre volutes.

143 — Table ovale en noyer sculpté.

144 — Table ovale en acajou.

145 — Table en acajou à volets.

146 — Lit style Renaissance, à deux faces en chêne sculpté, orné d'appliques en bronze vert et de plaquettes de marbre.

147 — Lit de style Louis XIV, à deux faces, en bois sculpté et peint en blanc.

148 — Lit style Louis XVI, à deux faces, en noyer.

149 — Lit en acajou, à une face.

150 — Lit en palissandre, à une face.

151 — Lit en thuya et palissandre, à une face.

152 — Lit en ébène et bronze doré, genre Renaissance.

153 — Lit à baldaquin, style Louis XIII, à colonnettes, en acajou ciré.

154 — Deux petites armoires d'applique en bois de rose.

155 — Miroir ovale avec cadre en bois d'ébène.

SIÈGES

156 — Stalle gothique en chêne sculpté à ogives.

157 — Ameublement de salon composé de quatre bois de fauteuils et de quatre chaises de style Louis XVI, finement sculpté et doré.

158-159 — Deux fauteuils de style Louis XIV, de modèles variés, en bois sculpté et doré, garnis de soie.

160 — Trois bois de fauteuils Louis XIII.

161 — Environ vingt bois de fauteuils de styles Louis XIV et Louis XV, de modèles variés. Ce lot sera divisé.

162 — Dix bois de chaises, de styles Louis XIV et Louis XV, accompagnant les fauteuils qui précèdent. Ce lot sera divisé.

163 — Dix bois de fauteuils de style Louis XVI et de modèles variés. Ce lot sera divisé.

164 — Huit chaises légères de styles Louis XV et Louis XVI. Ce lot sera divisé.

165 — Deux chaises Louis XVI.

166 — Environ vingt chaises diverses pour salle à manger. Ce lot sera divisé.

167 — Deux tabourets de piano.

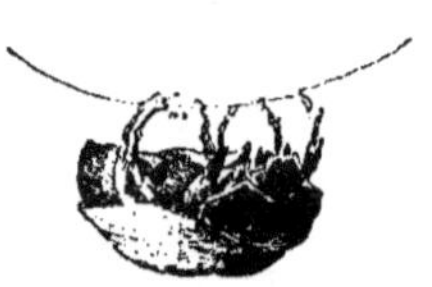

www.ingramcontent.com/pod-product-compliance
Lightning Source LLC
LaVergne TN
LVHW010010230826
846092LV00002B/746

* 9 7 8 2 3 2 9 5 4 2 2 3 2 *